Operación Barbarroja

Una Guía Fascinante de los Primeros Meses de la Guerra entre Hitler y la Unión Soviética entre 1941-1945

© Copyright 2021

Todos los derechos reservados. Ninguna parte de este libro puede ser reproducida de ninguna forma sin el permiso escrito del autor. Los revisores pueden citar breves pasajes en las reseñas.

    Descargo de responsabilidad: Ninguna parte de esta publicación puede ser reproducida o transmitida de ninguna forma o por ningún medio, mecánico o electrónico, incluyendo fotocopias o grabaciones, o por ningún sistema de almacenamiento y recuperación de información, o transmitida por correo electrónico sin permiso escrito del editor.

    Si bien se ha hecho todo lo posible por verificar la información proporcionada en esta publicación, ni el autor ni el editor asumen responsabilidad alguna por los errores, omisiones o interpretaciones contrarias al tema aquí tratado.

    Este libro es solo para fines de entretenimiento. Las opiniones expresadas son únicamente las del autor y no deben tomarse como instrucciones u órdenes de expertos. El lector es responsable de sus propias acciones.

    La adhesión a todas las leyes y regulaciones aplicables, incluyendo las leyes internacionales, federales, estatales y locales que rigen la concesión de licencias profesionales, las prácticas comerciales, la publicidad y todos los demás aspectos de la realización de negocios en los EE. UU., Canadá, Reino Unido o cualquier otra jurisdicción es responsabilidad exclusiva del comprador o del lector.

    Ni el autor ni el editor asumen responsabilidad alguna en nombre del comprador o lector de estos materiales. Cualquier desaire percibido de cualquier individuo u organización es puramente involuntario.

Tabla de Contenidos

INTRODUCCIÓN 1
CAPÍTULO 1 - NAZIS Y COMUNISTAS 3
CAPÍTULO 2 - INVASIÓN 27
CAPÍTULO 3 - TODO PARECE PERDIDO 36
CONCLUSIÓN...46
VEA MÁS LIBROS ESCRITOS POR CAPTIVATING HISTORY 48
BIBLIOGRAFÍA 49

Introducción

El 22 de junio de 1941, la Alemania nazi lanzó la Operación Barbarroja, la invasión de la Unión Soviética. En el tiempo transcurrido desde el fin de la guerra, el mundo se ha familiarizado con el número de muertes sufridas por la Unión Soviética (también conocida como la URSS) durante el conflicto: veinte millones. Y eso probablemente sea bajo, dado el tamaño del país, la realización del censo en ese momento y el daño causado a la burocracia del país. Piense en ello: veinte millones de personas. Esa es una cifra que es casi imposible de entender. Casi todas las familias del país perdieron a alguien. El día festivo más famoso y grande de la Unión Soviética, ahora las naciones de Rusia, Ucrania y Bielorrusia (las antiguas repúblicas soviéticas que fueron más afectadas por la guerra) es el 8 de mayo, "Día de la Victoria", que celebra la victoria de la URSS sobre los nazis. Alemania en lo que se llamó la Gran Guerra Patria, honrando a los héroes y recordando a los perdidos.

Geoffrey Roberts, un historiador británico de la Unión Soviética en la Segunda Guerra Mundial, en su trabajo, *Las Guerras de Stalin: de la Guerra Mundial a la Guerra Fría*, 1939-1953 (2006), intentó contabilizar las pérdidas en términos de infraestructura, convirtiéndolas en todas las más marcado. Durante la invasión y ocupación nazi, la Unión Soviética perdió un estimado:

70.000 ciudades, pueblos y aldeas soviéticas

32.000 fábricas

6.000 hospitales

82.000 escuelas

43.000 bibliotecas

El historiador Jacob Pauwels y otros descubrieron que la URSS no recuperó los niveles económicos de antes de la guerra hasta principios y mediados de la década de 1960.

Adolf Hitler invadió la Unión Soviética con más de tres millones de hombres. Los soviéticos tenían poco menos de ese número en la sección occidental de su país para enfrentarlos, así como millones más en otros lugares, que era algo con lo que Hitler no contaba y subestimaría enormemente.

La lucha entre la Unión Soviética y la Alemania nazi fue uno de los conflictos más grandes y mortíferos de todos los tiempos, una guerra de eliminación entre naciones totalitarias liderada por dos de los líderes más despiadados de la historia del mundo

Capítulo 1 -Nazis y Comunistas

En *Mein Kampf* (*Mi lucha*), el testamento político y la "autobiografía" de Hitler (entre comillas porque gran parte de lo que está escrito sobre su vida está exagerado o inventado, especialmente la afirmación de su pobreza; su padre era un pez gordo en una pequeña ciudad con una sirvienta, una pensión, un uniforme y respeto), el futuro dictador de Alemania declaró repetidamente su creencia de que el destino de la nación alemana era expandirse hacia el este.

Alemania, después de la Primera Guerra Mundial e incluso hoy, tiene aproximadamente el tamaño de los estados estadounidenses de Washington y Oregón juntos. La población de esos dos estados combinados es de aproximadamente doce millones de personas. La población de Alemania en el momento de la Segunda Guerra Mundial era de setenta millones (hoy son ochenta millones). Hitler no fue la única persona de habla alemana que creía que Alemania necesitaba asegurar el *Lebensraum* (espacio vital") para prosperar y sobrevivir en una Europa abarrotada con enemigos por todos lados. De hecho, junto con el antisemitismo vicioso incluido dentro de *Mein Kampf,* la idea sobre el Lebensraum es la más mencionada y elaborada.

En los años previos a la guerra, muchos de aquellos en otras naciones que habían leído el libro de Hitler y lo vieron claramente por lo que le dijera repetidamente a cualquiera que estuviera dispuesto a escuchar que Hitler tenía la intención de comenzar una guerra de expansión en el este, que podría evolucionar hacia otra guerra mundial. El comandante entre esta gente era una de las principales figuras políticas de Gran Bretaña y su futuro líder, Winston Churchill.

En los años previos a la guerra mundial muchos europeos (especialmente los de las naciones más grandes y poderosas de Francia, el Reino Unido, Austria-Hungría, Alemania y Rusia) tenían la creencia de que para prosperar sus naciones necesitaban ganar o conservar territorios. e imperios coloniales. Aunque gran parte de este imperialismo de finales del siglo XIX estaba respaldado por una corriente subterránea de superioridad racial, sus objetivos eran ganancias económicas y el poder y el prestigio que acompañaban a un gran imperio.

Sin embargo, Alemania, antes de la Primera Guerra Mundial, tenía una minoría considerable de políticos, escritores, filósofos y periodistas que estaban comenzando a gravitar hacia una visión de Alemania y los pueblos germánicos (que incluían a los británicos, escandinavos, holandeses, etc.) como una raza "superior", destacando tanto su poder económico como militar junto con su enorme influencia cultural. Esta "superioridad germánica" se extendería a los demás pueblos de Europa, especialmente a las naciones eslavas del este.

Hitler, junto con muchos alemanes, austriacos y otros europeos, no era el único que sostenía estas creencias; existían también en los Estados Unidos y Canadá. En los años entre la Primera Guerra Mundial y la Segunda Guerra Mundial, estas ideas se combinarían con nuevos avances en la ciencia para dar a luz la nueva "ciencia" de la eugenesia, la idea de que sería posible eliminar por métodos médicos enfermedades hereditarias y de otro tipo, como la discapacidad intelectual, la epilepsia, el alcoholismo, etc. En sus orígenes, el campo de la eugenesia incluía profesionales médicos educados y filósofos que creían que sería posible "criar" tales enfermedades y alentar la procreación de individuos que se creía que eran más inteligentes, mejores buscando, más en forma y saludables. Una vez que se combinó con la idea de que los pueblos germánicos del norte de Europa eran superiores, la eugenesia comenzó a entrar en una nueva y peligrosa fase cuando Hitler llegó al poder.

(Cabe señalar que en la década de 1920 e incluso después de la Segunda Guerra Mundial, Estados Unidos, Canadá y Suecia llevaron a cabo esterilizaciones forzadas de gente considerada "indeseable". Estos procedimientos comenzaron antes de que Hitler tomara el poder en Alemania y continuarían después de su derrota).

Además, en gran parte de Europa (en realidad en este momento más en Europa del Este y Rusia que en Occidente), esta idea de superioridad racial se combinaría con el antisemitismo, que había sido el flagelo de la población judía desde que los romanos forzaron los judíos de Israel, siglos antes, formaron un nuevo y peligroso conjunto de ideas, incluida la idea de que se podía criar una "raza superior" y se podían eliminar las razas "inferiores".

El suceso catastrófico que empujaría a muchos alemanes y austriacos, hacia el antisemitismo, incluido obviamente el de Hitler, fue particularmente virulento, fue la Primera Guerra Mundial. La derrota alemana en la Primera Guerra Mundial conmocionaría a la población, y merece algo de atención porque predijo lo que estaba por venir, especialmente su gravedad.

Fueron muchos los factores que llevaron a la derrota de Alemania en la Primera Guerra Mundial. Entre ellos estaba el poder de las naciones que se enfrentarían a ellos: Francia, Gran Bretaña, Rusia, Italia y, desde 1917 en adelante, Estados Unidos.

Alemania y, en menor medida, Austria, su aliado, pudieron evitar que sus enemigos invadieran su territorio al final de la guerra, pero aquellos en Alemania con un conocimiento íntimo de la situación sabían que era solo una cuestión de tiempo. antes de que sucediera. Sus enemigos eran demasiado poderosos, y con la entrada de Estados

Unidos en la guerra, cada semana los aliados se estaban volviendo más poderosos.

Los dos hombres a cargo de los esfuerzos bélicos alemanes en 1918 fueron los mariscales de campo Paul von Hindenburg y Erich Ludendorff. Sabiendo que la guerra estaba perdida, deliberadamente se acercaron al principal partido de oposición en Alemania, el Partido Socialdemócrata (un partido democrático con algunos aspectos socialistas en su plataforma) tratando de acudir a los Aliados para negociar la paz. Sabían que los aliados no aceptarían una oferta de paz de los militares alemanes, pero sí de conocidos opositores a la guerra.

Esto era cierto, parcialmente, ya que el motivo principal de los mariscales de campo era sacarle la responsabilidad de la derrota / rendición al Ejército Imperial Alemán y a los políticos, especialmente a los políticos de izquierda. En esto, tuvieron éxito. Los diplomáticos socialdemócratas negociaron una tregua con los aliados, que eventualmente, e inevitablemente, se convirtió en una rendición alemana.

Otro factor que causó un enorme impacto en gran parte de la sociedad alemana fue que, durante la guerra, y hasta cierto punto antes, la prensa alemana estuvo estrictamente controlada por el gobierno. Simplemente hablando, durante cuatro años en los periódicos de todos los días se le decía a la población alemana que estaban ganando la guerra y que la victoria estaba "a la vuelta de la esquina". Esto fue especialmente cierto en la primavera de 1918, cuando el mariscal de campo Ludendorff lanzó su ofensiva de primavera, que fue diseñada para sacar a Francia y Gran Bretaña de la guerra antes de que todo el peso de la mano de obra y los recursos estadounidenses se pudieran ejercer sobre Alemania.

A principios de 1933, Hitler llegó al poder en Alemania y lanzó un plan audaz, pero cuidadoso, para recuperar los territorios perdidos de Alemania y rearmar las fuerzas armadas, lo que violaría el Tratado de Versalles. Uno de sus primeros asuntos fue proscribir todos los partidos de la oposición y encarcelar o ejecutar a los miembros del

Partido Comunista de Alemania, el partido comunista más grande fuera de la URSS en ese momento.

Irónicamente, mientras hacía esto, Hitler también estaba llegando a acuerdos con Stalin y los soviéticos para entrenar en secreto a elementos de las futuras fuerzas armadas alemanas en la Unión Soviética. Había sido comenzado en secreto por el ejército alemán antes que Hitler, pero él continuó y amplió el programa, obviamente con el acuerdo de Stalin.

A pesar de ser enemigos ideológicos, tanto Hitler como Stalin eran pragmáticos. Hitler suministró piezas de maquinarias y otros bienes a Stalin y, a cambio, consiguió un lugar para reconstruir el ejército alemán en secreto. Stalin pretendía poner en juego una serie de maquinaciones que pondrían a Hitler en contra de Francia y Gran Bretaña en lugar de contra su país, lo que permitiría a la URSS armar un ejército con el que defenderse de una Alemania resurgente. En gran parte, Stalin creía que Alemania y la Unión Soviética lucharían entre sí; solo esperaba poder controlar el momento del conflicto.

Hitler iniciaría su programa para reafirmar el poder de Alemania en 1936. Primero, remilitarizando la Renania. Luego anexando Austria en 1938. Más tarde ese año y a principios de 1939, manipulando a los franceses y británicos para que abandonaran Checoslovaquia en aras de la paz y también se hizo cargo de esa nación. Formó alianzas con Hungría y Rumania, así como con la Italia de Benito Mussolini y el Japón del emperador Hirohito. Muy pronto, Stalin se dio cuenta de que Hitler y sus aliados lo tenían rodeado.

Cuando Hitler amenazara y engatusara a los aliados occidentales sobre Checoslovaquia, Stalin estaba realmente dispuesto a enfrentar a Alemania, pero solo si Gran Bretaña y Francia mostraban alguna determinación. Cuando no lo hicieron, llegó a creer que no solo no serían capaces de resistir a Hitler, sino que también sería mejor que llegara a un acuerdo con el líder nazi antes de que fuera demasiado tarde.

Mientras Alemania ejercía presión sobre Polonia, que fue el primer paso en el deseo de Hitler de expandirse hacia el este, los soviéticos y los alemanes empezaron a enviar sondeos diplomáticos. Hitler quería invadir Polonia sin provocar una guerra con la URSS, ya que no creía que Alemania estuviera lista para enfrentarse a la Unión Soviética. Stalin quería reafirmar el control ruso sobre Polonia y ganar una zona de amortiguación entre él y Hitler.

Un acuerdo sería beneficioso para ambos, por lo que el 23 de agosto de 1939 las dos potencias totalitarias firmaron un pacto de no agresión. El Pacto Ribbentrop-Molotov (llamado así por los ministros de Relaciones Exteriores de Alemania y la URSS, respectivamente) declaraba abiertamente que Hitler y Stalin no irían a la guerra entre ellos. También anunciaba una variedad de acuerdos comerciales y protocolos diplomáticos. Esos fueron solo los anuncios abiertos. En secreto, Stalin y Hitler acordaron dividirse Polonia entre ellos como lo habían hecho durante siglos Alemania, (o más bien, el estado de habla alemana de Prusia) y Rusia. También le dejaba a Stalin las manos libres para tomar el control de los estados bálticos y parte de Rumania, y el pacto le aseguraba a Stalin que Hitler no interferiría, si la URSS atacaba a Finlandia, con quien Stalin tenía problemas fronterizos.

En la superficie, parecía que Stalin sacaría lo mejor del trato, pero lo que realmente quería Hitler era una gran parte de Polonia y una garantía de que la Unión Soviética no lo atacaría cuando se volviera para hacer la guerra a Francia, cuya planificación ya estaba en marcha.

Hitler atacó Polonia el 1 de septiembre de 1939. En cuatro semanas, los alemanes estaban en la capital polaca de Varsovia. Stalin envió al Ejército Rojo el 17 de septiembre. A finales de mes, Polonia dejaba de existir y las tropas alemanas y soviéticas hicieron grandes demostraciones de felicitarse mutuamente a lo largo de la línea de detención acordada. Muy rápidamente, las piezas de maquinaria y los productos industriales alemanes comenzaron a viajar hacia el este al mismo tiempo que las materias primas rusas fluían hacia Alemania.

Ilustración 1: Oficiales Alemanes y Soviéticos se encuentran en Polonia, septiembre de 1939

En noviembre, Stalin ordenó al Ejército Rojo que atacara Finlandia. Quería una zona búfer más grande entre la frontera finlandesa y la "segunda ciudad" soviética y hogar de la revolución bolchevique, Leningrado (hoy San Petersburgo). A Stalin le preocupaba que en algún momento en el futuro, Hitler se aliara con los finlandeses, quienes tenían una larga historia de antagonismo con los rusos.

Aunque Stalin finalmente consiguió lo que quería, ya que los finlandeses se vieron obligados a ceder una parte sustancial de territorio a los soviéticos, la campaña del Ejército Rojo en Finlandia, aunque breve, resultó costosa tanto en dinero como en vidas humanas. Eventualmente, el peso de los soviéticos se hizo evidente, pero los finlandeses habían superado al Ejército Rojo en casi todos los sentidos hasta que se agotaron demasiado y se vieron obligados a negociar.

Las Purgas del Ejército Rojo de la Década de 1930

La creencia común es que Hitler y muchos otros veían al Ejército Rojo como incompetente en su campaña finlandesa. Esto es cierto, en gran medida, y ayudó a Hitler a tomar la decisión de invadir la URSS en 1941. Sin embargo, muchos en Alemania y en todo el mundo veían solo lo que querían ver: un Ejército Rojo brutal y mal dirigido que confiaba en los números para ganar. Sin embargo, hacia el final de la guerra de Invierno contra los finlandeses, los soviéticos hicieron un alto y se reorganizaron, reentrenándose y reemplazando a la mayor parte de los líderes incompetentes con personal más capaz. Esta capacidad de doblarse y no romperse, junto con una adaptabilidad sorprendente, ocurriría en la última parte de la guerra de los soviéticos con Hitler. Pero, aunque los soviéticos pudieron reorganizarse lo suficiente como para derrotar a Finlandia, sus fuerzas aún sufrían de algunas flagrantes debilidades.

En primer lugar, a principios de 1937, Stalin inició una serie de purgas para consolidar su ya inmenso poder. Aunque muchos segmentos de la sociedad soviética sufrieron, es la purga del Ejército Rojo lo que nos ocupa aquí.

Existe un debate entre historiadores sobre por qué Stalin inició las purgas. Algunos creen que fue simplemente su paranoia, porque si surgiera una amenaza a su poder (que no hay evidencia de que hubiera sería entre los oficiales del Ejército Rojo. Otros creen que Stalin y sus allegados pensaban que muchos de los oficiales del Ejército Rojo, particularmente los que fueron promovidos después de la Revolución Bolchevique, no estaban tan dedicados a los ideales comunistas como deberían haberlo estado. Entre la dirección del partido, existía la creencia de que las fuerzas armadas no necesitaban gastar mucho dinero en entrenar una tonelada de oficiales, ya que el "celo revolucionario" triunfaría en el campo de batalla.

El hombre a cargo del Ejército Rojo en 1937 era el popular Mijaíl Tujachevski, quien dirigiera tropas en la Revolución Bolchevique y en la guerra civil rusa y que estaba intentando modernizar el Ejército

Rojo para alinearlo con las ideas modernas. Algunos creen que Stalin estaba celoso de la popularidad de Tujachevski y deseaba eliminarlo a él y a sus aliados, ya que eran posibles rivales.

En 1937, comenzó la purga de Stalin del Ejército Rojo. De 80.000 oficiales, 37.000 fueron asesinados directamente, enviados a campos de trabajo siberianos a morir o permanecer encarcelados. Solo sobreviviría un pequeño número; algunos fueron reintegrados más tarde cuando Stalin tuvo claro que se necesitaban oficiales experimentados para hacer frente a la invasión de Hitler. El número de víctimas varía, ya que los registros fueron destruidos, alterados u ocultos por el régimen durante la guerra y después, lo que dificulta obtener números exactos.

La purga fue peor en las capas superiores, pero se abrió camino hasta el nivel de compañía. En la cima, fueron ejecutados tres de los cinco mariscales de la Unión Soviética. Y la lista continúa: trece de quince generales del ejército, ocho de nueve almirantes, casi el 90 por ciento de los comandantes de cuerpo, el 82 por ciento de todos los generales de división, y esto solo en la parte superior de la escala. Los coroneles, los mayores y los capitanes también fueron destituidos, aunque a un ritmo menor.

Para empeorar las cosas, Stalin expulsó a los comisarios políticos adscritos a las fuerzas armadas. Incluso antes de la purga, los comisarios hicieron casi imposible el funcionamiento eficiente de un ejército moderno. Hasta el nivel de compañía, los comandantes tenían una sombra política que se aseguraba de que sus comandos estuvieran lo suficientemente en línea con las ideas del Partido Comunista. Esto significaba que el tiempo reservado para una formación importante tenía que utilizarse para adoctrinar a los hombres en el pensamiento estalinista y las enseñanzas comunistas. Los comisarios también se aseguraron de que los comandantes siguieran las órdenes, especialmente las que incluían cargas masivas u otras tácticas suicidas, en la creencia de que el "celo" les haría ganar el día. Los oficiales que tenían la costumbre de oponerse a sus comisarios corrían el riesgo de ser sancionados, despedidos o muertos.

Con el fin de asegurar la lealtad completa entre los futuros comisarios, de 1937 a 1938, se eliminó el escalón superior de comisarios políticos (los que estaban adscritos al estado mayor de los mariscales y generales). Como en el resto del ejército, estas remociones o despidos generalmente significaban una muerte lenta en el Gulag, el sistema soviético de campos de concentración / trabajo.

En 1939, cuando se firmó el Pacto Molotov-Ribbentrop, la gran mayoría de los oficiales del Ejército Rojo no se atrevieron a desviarse de las instrucciones dadas desde arriba. En el caso de que no se dieran instrucciones, los oficiales no se atreverían a tomar el asunto en sus propias manos y averiguar qué era lo mejor que podían hacer: estaban paralizados por el miedo.

Es posible que Stalin comenzara a darse cuenta del daño que estas purgas habían causado cuando el Ejército Rojo sufriera una humillación tras otra en la guerra contra Finlandia. A pesar de una ventaja de tres a uno en las tropas (el Ejército Rojo en total superaba en número a los finlandeses en diez a uno o más), los finlandeses carecían de artillería pesada seria, y la posesión de miles de tanques por parte de los soviéticos en comparación con los solo 32 de los finlandeses, El Ejército Rojo luchó, en parte debido a su dependencia de lanzar oleadas tras oleadas de hombres contra los finlandeses sin tener en cuenta las bajas.

Como se mencionó anteriormente, Stalin y sus generales finalmente se dieron cuenta de que las cosas debían cambiar, y en el último mes de la guerra, el entrenamiento y las nuevas tácticas permitieron a los soviéticos avanzar y obligar a los finlandeses a sentarse a la mesa de negociaciones.

Flexibilidad del Ejército Alemán

En contraste con el sistema soviético, el ejército alemán bajo Hitler fue sorprendentemente flexible. Antes de la unificación de Alemania, los pueblos de los distintos estados de habla alemana tenían sus propias fuerzas militares, pero la más poderosa era la de Prusia, el estado de Alemania oriental, que se convertiría en el núcleo alrededor del cual se construyó el Imperio alemán en 1871.

El ejército prusiano, aunque pequeño, fue uno de los primeros ejércitos profesionales permanentes modernos. La mayoría de las demás naciones europeas tenían un pequeño grupo de oficiales y una guardia nacional, que a menudo funcionaba como fuerza policial. Sin embargo, en tiempos de guerra, había que reclutar, organizar y entrenar tropas. La mayoría de las veces, recibirían mucha menos capacitación de la necesaria.

Por el contrario, a principios del siglo XVIII, los reyes prusianos organizaron un ejército profesional cuyo único propósito era la defensa del reino. Aunque comparativamente pequeño, el ejército prusiano rotaba hombres dentro y fuera del ejército, por lo que incluso aquellos que no estaban oficialmente en las filas tenían suficiente entrenamiento para actuar en el campo de batalla si surgía la necesidad de inmediato. Esto significó que, en términos generales, el ejército prusiano pudo prepararse y moverse para atacar o defenderse mucho más rápido que sus rivales. Este sistema se mantuvo vigente cuando naciera Alemania en 1871.

El entrenamiento prusiano, y luego alemán, fue notoriamente estricto y difícil, y aunque los reclutas eran entrenados para obedecer órdenes instantáneamente, también había un tipo de flexibilidad inherente al sistema prusiano / alemán que no estaba presente en otras naciones. La parte superior de la cadena de mando establecía metas y horarios, pero a medida que las órdenes se filtraban a través del sistema, cada grupo sucesivo de comandantes podía actuar con flexibilidad para lograr esas metas.

Así, por ejemplo, los mariscales de campo en la cima podrían decidir cuándo comenzaría una ofensiva, su asignación de fuerzas, el calendario, movimientos generales de los ejércitos y sus respectivos objetivos / responsabilidades. En la escala inferior, los comandantes de grupos de ejércitos y los ejércitos y divisiones dentro de ese grupo recibirían asignaciones, pero dependía de los comandantes cómo lograr sus objetivos. Esto se mantenía en la compañía, el pelotón e incluso al nivel de escuadrón en ocasiones. A esta flexibilidad, que permitió descubrir técnicas innovadoras con mucha más frecuencia que en otros ejércitos, se agregaría la idea de que cada oficial de abajo se entrenaba para el trabajo que estaba por encima de él. Entonces, los comandantes de división entrenaban como comandantes de ejército, los comandantes de regimiento como comandantes de división, etc. Incluso los sargentos estaban familiarizados con el trabajo de teniente. Esto significaba qué si el oficial arriba de ellos caía, el suboficial podría ser ascendido rápidamente, permitiendo que la batalla avanzara sin tantas complicaciones.

Irónicamente, durante el curso de la Segunda Guerra Mundial, a medida que cambiaba el rumbo de la guerra, fueron los alemanes quienes se volvieron menos flexibles (al menos a nivel de división y más) y los soviéticos quienes se volvieron más flexibles e innovadores.

Equilibrio de Fuerzas

En 1942, Adolf Hitler fue grabado en secreto en una conversación con el mariscal de campo finlandés Carl Gustaf Emil Mannerheim. Los dos se habían reunido para el cumpleaños de Mannerheim y para discutir el progreso de la guerra, en la que Finlandia había entrado del lado de Alemania en 1941. De una manera sorprendentemente franca y conversacional, Hitler habla sobre los resultados de la Operación Barbarroja y le dice a Mannerheim que él y su aparato de inteligencia habían subestimado enormemente el tamaño de las fuerzas armadas soviéticas y el poderío industrial que ayudó a crearlas.

Sentado en un vagón de tren en Finlandia, Hitler le dijo a Mannerheim que, entre otras cosas, "Si alguien me hubiera dicho que cualquier país podría comenzar una guerra con 35.000 tanques, entonces le habría dicho: '¡Está loco!'. Si uno de mis generales hubiera dicho que cualquier nación tenía 35.000 tanques, le habría dicho: 'Usted, mi buen señor, lo ve todo dos o diez veces más grande. Está loco, está viendo fantasmas'".

Hitler también admite que su ejército no fue armado para el invierno y que había puesto sus esperanzas en una rápida victoria. Sin embargo, a pesar de todo esto, Hitler continúa diciendo que incluso si hubiera sabido sobre el tamaño del Ejército Rojo y su base industrial, habría atacado de todos modos en función del desempeño del Ejército Rojo en la guerra de Invierno con Finlandia y en su creencia de que eventualmente se vería involucrado en una guerra con la URSS, una guerra en la que deseaba atacar primero.

Lo que Hitler no sabía era el alcance del gasto militar soviético. Aunque la URSS era pobre en comparación con los países más ricos de Europa occidental, a finales de los años veinte y treinta, había gastado una parte cada vez mayor de su presupuesto nacional en defensa. De 1927 a 1928, Stalin había gastado alrededor del 10 por ciento del presupuesto de la nación en el ejército. Este porcentaje aumentó cada año hasta el estallido de la guerra, que comenzó con Finlandia en 1939. A modo de comparación, en 1933, los soviéticos gastaron el 16 por ciento del presupuesto en gastos de defensa; mientras que, en 1938, representaba más del 43 por ciento del presupuesto.

Lo que sigue es un análisis básico y general del equilibrio de fuerzas de los soviéticos y la *Wehrmacht* (Fuerzas Armadas Alemanas) cuando la Operación Barbarroja comenzara el 22 de junio de 1941 en la frontera soviética.

En la frontera de 1.800 millas de largo, Hitler tenía 153 (+/- 5) divisiones que equivalían a 3.5 millones de hombres. Además de esos hombres, había diecinueve divisiones Panzer (tanques), que suman alrededor de 6.000 tanques y otros vehículos blindados. Siete mil piezas de artillería de diferentes tamaños tronaron sobre el paisaje esa mañana, junto con más de 7.000 morteros de diferentes tamaños. Estos iban acompañados de entre 3.000 y 5.000 aviones. La fuerza alemana se complementaba con unas treinta formaciones finlandesas, italianas, rumanas y húngaras, totalizando unas treinta divisiones de fuerza y eficacia muy variadas. Esta fue la fuerza de invasión más grande en la historia mundial, es decir, hasta que los soviéticos pasaron a la ofensiva a fines de 1942 y principios de 1943.

Oponerse a los alemanes era una gran masa de infantería soviética, pero su efectividad variaba ampliamente. Los soviéticos tenían aproximadamente entre 2,5 y 2,9 millones de hombres en el frente esa mañana y en los próximos días. Los soviéticos tenían 11.000 tanques en la parte occidental del país y en Polonia, superando en número a los alemanes en dos o tres a uno, según las fuentes de información. Los aviones, incluidos los cazas, bombarderos, de reconocimiento y transporte, contaban entre 8.000 y 10.000, pero eran en gran parte obsoletos. Los soviéticos poseían una asombrosa variedad de artillería, como lo harían durante la guerra. En la zona de primera línea, tenían aproximadamente 33,000 armas, pero desafortunadamente, carecían de los vehículos necesarios para remolcarlos. En la batalla móvil que se avecinaba, estas armas a menudo eran capturadas o destruidas por el Ejército Rojo para evitar que fueran utilizadas por los alemanes en rápido movimiento.

Lo que puede sorprender a algunos de ustedes que lean esto es la fuerza de las fuerzas blindadas soviéticas. El Ejército Rojo poseía una asombrosa cantidad de tanques al comienzo de la guerra, y algunos de ellos eran bastante buenos; de hecho, dos modelos, en particular, fueron quizás los mejores del mundo durante un corto tiempo. Discutiremos el T-34 y la serie KV en breve, pero en su mayor parte, el número de las fuerzas blindadas soviéticas se vio incrementado por una enorme cantidad de vehículos blindados y tanques obsoletos y algo experimentales.

El BT-10 era un automóvil ligeramente blindado diseñado como vehículo de reconocimiento / exploración y para control urbano / de multitudes, cuya armadura tenía un poco más de media pulgada en su punto más grueso. Aunque montaba un cañón de 45 mm, que era de un calibre pesado para su chasis, el vehículo era inútil en el campo de batalla a menos que fuera contra infantería sin escolta y sin armas antitanque.

Luego vino una serie de tanques ligeros y medianos, la mayoría de los cuales habían sido diseñados a mediados de la década de 1930. Se construyeron y utilizaron miles de T-27 y T-28 en la invasión soviética del este de Polonia. Allí, demostrarían ser algo efectivos, ya que la mayoría de las unidades polacas de calidad se habían trasladado al oeste para luchar contra los nazis. Sin embargo, en la guerra de Invierno contra los finlandeses, se descubrió que los tanques soviéticos eran vulnerables al fuego antitanque y los cócteles Molotov, bombas líquidas inflamables utilizadas por los finlandeses para compensar su falta de cañones antitanques. No ayudó que los soviéticos pensaran que sus tanques serían perfectos para luchar en la guerra contra los finlandeses. Cerca del comienzo de la Segunda Guerra Mundial, los soviéticos blindaron estos tanques, lo que ayudó hasta cierto punto. Otro factor que engañó a los soviéticos haciéndoles creer que sus tanques eran capaces fue su victoria sobre los japoneses en Mongolia, donde los japoneses provocaron un "incidente" que condujo a una gran batalla en Jaljin Gol. Sin embargo, esto fue engañoso porque, entre todos los principales combatientes de la Segunda Guerra Mundial, los tanques japoneses fueron los peores.

También estaba el "acorazado terrestre" T-35, que estaba más en línea con el pensamiento de la Primera Guerra Mundial que con el de la Segunda Guerra Mundial. El T-35 era una máquina enorme con múltiples torretas y una tripulación de once personas. Su arma más pesada era un buen modelo 76.2 combinado con una gran cantidad de ametralladoras y dos cañones de 45 mm. Su velocidad máxima, que rara vez se podía utilizar por el uso de combustible, era de 19 millas por hora. El tanque tenía casi 32 pies de largo y pesaba 44 toneladas, lo que lo hacía propenso a hundirse en el lodo y casi imposible cruzar la mayoría de los puentes primitivos en el campo soviético. Existen muchas imágenes de soldados alemanes examinando esta rareza en el campo de batalla después de haber sido noqueados o abandonados.

Ilustración 2: Soldados alemanes posan en el T-35, otoño de 1941

Los soviéticos también habían comprado varios tanques británicos antes de la guerra, pero la mayoría de ellos ya estaban obsoletos cuando comenzara la Segunda Guerra Mundial.

Sin embargo, a partir de 1940 el Ejército Rojo comenzó a producir dos excelentes modelos de tanques. Estos fueron el Klimenty Voroshilov (llamado así por el mariscal soviético del mismo nombre) 1 y 2. El KV-2 el más conocido de los dos, con su perfil enorme y su torreta de aspecto extraño y fuertemente blindada, pero el KV-1 era una bestia en sí misma y demostraría ser un desafío para los alemanes cuando lo encontraron en el campo de batalla.

El KV-1 lucía un blindaje frontal de 90 mm con lados de 75 mm y un blindaje trasero de 70 mm; en otras palabras, era un tanque bien protegido. Llevaba un excelente cañón principal de 76,2 mm, que era más pesado que todos los cañones de tanques alemanes en el momento de la Operación Barbarroja, y de tres a cuatro ametralladoras de 7,62 mm. Sus orugas eran más anchas que la de los tanques soviéticos anteriores, lo que le permitiría, y al más famoso T-34, operar en barro y nieve con mucho más éxito que otros tanques soviéticos y alemanes. La altura del KV-1 era de un poco más de dos metros y medio, o cuatro metros si se incluye la torreta.

El KV-2 tenía casi cinco metros de altura, incluida su torreta, pero su torreta y blindaje frontal eran (o se acercaban) a 110 mm / 4,3 pulgadas. Su cañón principal era un cañón de artillería de 152 mm / 5,9 pulgadas (su objetivo principal era la artillería móvil). Sin embargo, su principal debilidad era su falta de velocidad, aunque su armadura lo compensaba un poco.

Ambas versiones de los tanques KV demostraron ser un shock para los alemanes y finlandeses en el campo, y muchos informes y diarios del campo de batalla alemanes, como el que se muestra a continuación, provienen de un soldado de la 1.ª División Panzer en el segundo día de la invasión, están llenos de relatos de cuánto daño podrían sufrir estos vehículos.

> Nuestras compañías abrieron fuego desde 700 m (765 yardas). Nos acercamos más y más ... Pronto estábamos a solo 50-100 m (55-110 yardas) el uno del otro. Se abrió un compromiso fantástico, sin ningún progreso alemán. Los tanques soviéticos continuaron su avance y nuestros proyectiles perforantes simplemente rebotaban. Los tanques soviéticos resistieron el fuego a quemarropa de nuestros cañones de 50 mm (1,97 pulgadas) y 75 mm (2,95 pulgadas). Un KV-2 fue alcanzado más de 70 veces y no penetró ni una sola bala. Unos pocos tanques soviéticos fueron inmovilizados y finalmente destruidos cuando logramos disparar a sus orugas, y luego utilizamos artillería para martillarlos a corta distancia. Luego fue atacado a quemarropa con cargas de mochila.

Hasta que los alemanes comenzaron a desplegar sus cañones antiaéreos de 88 mm como arma antitanque, lo mejor que podían esperar los artilleros alemanes era un golpe de suerte en un área defectuosa del blindaje o inutilizar el tanque golpeando sus orugas. En situaciones de combate cuerpo a cuerpo, las cargas de la mochila (como se mencionó anteriormente) pueden inutilizar el tanque, pero eso requiere un valor extraordinario.

Por último, los soviéticos desarrollaron el innovador T-34. Al ver el éxito de los tanques alemanes más livianos en Polonia, Francia y los Países Bajos en 1940, los soviéticos llevaron a la línea de producción planes que ya estaban en la mesa de dibujo. El resultado fue el T-34/40. "T" por "tanque", "34" por el año en que el diseñador Mijaíl Koshkin desarrollara su idea para el tanque y "40" por el año en que entrara en producción. Las versiones posteriores se llamaron T-34/76 y 85, pero no fueron de los soviéticos; este era un nombre alemán para tanques con esos tamaños de armas.

Honestamente, el T-34 no era un gran tanque. Fue muy bueno, y fue muy bueno en casi todo. Tenía velocidades de 53 km / 33 mph. Su cañón era un cañón de 76 mm de alta velocidad, capaz de penetrar todos los tanques alemanes en 1941 a distancia. Sus vías anchas le permitían moverse bien en suelo fangoso o húmedo, y no era demasiado pesado para la mayoría de los puentes serios. Su motor diésel era simple, confiable (lo que no eran los de los KV) y fácil de reparar. El perfil del tanque no era demasiado alto y, lo mejor de todo, usaba armadura de fundición en la mayoría de los lugares en contraposición a la armadura remachada que se usaba en la mayoría de los tanques en la mayoría de los países de esa época.

La armadura fundida significaba que grandes secciones de la armadura del tanque estaban hechas de una sola pieza. Donde las piezas se unían, se soldaban juntas en lugar de remacharlas, lo que las hacía mucho más fuertes. Además, los remaches tenían la desagradable costumbre de soltarse con los disparos de las balas antitanque, convirtiéndolos en grandes trozos de metralla que volaban dentro del tanque, incluso si el proyectil no lo penetraba.

La armadura en sí estaba inclinada, lo que fue otra innovación. Esto significó que se le dio fuerza adicional a la armadura, ya que una ronda tendría que penetrar más en la armadura inclinada, que tenía el mismo grosor que la armadura no inclinada. La inclinación también significaba que los proyectiles antitanque a menudo se desviaban hacia arriba en lugar de penetrar en el tanque. Aunque el blindaje del T-34 no era tan grueso como el de la serie KV, los tanques alemanes de principios de la Segunda Guerra Mundial y los cañones antitanques a menudo no podían penetrar el casco exterior del T-34, especialmente a distancia. Los alemanes examinaron cuidadosamente los T-34 capturados y, como resultado, y con algunas modificaciones, se desarrolló el Panzer Mark V Panther.

Tanques alemanes

En los años entre la Primera Guerra Mundial y la Segunda Guerra Mundial, los alemanes también habían estado trabajando en nuevos diseños de tanques. Aunque el Tratado de Versalles prohibía a Alemania poseer cualquier dispositivo bélico excepto vehículos blindados ligeramente protegidos para tareas de control de disturbios / multitudes, algunos generales y otros oficiales, tanto los que estaban en servicio activo como los obligados a la vida civil por el tratado, trabajaban constantemente para el día en que Alemania fuera capaz de rearmarse.

Para 1929/30, cuando la Gran Depresión estaba a la vanguardia de las mentes de las grandes potencias de Occidente, y después de que había pasado más de una década desde la Primera Guerra Mundial, la observación aliada de las fuerzas armadas alemanas se había vuelto laxa. Muchos en Gran Bretaña y Estados Unidos (y, en menor grado, Francia) habían llegado a creer que los términos del Tratado de Versalles pesaban demasiado sobre Alemania. Además, en un momento en que el capitalismo parecía estar amenazado, los aliados eran muy conscientes de que Stalin y sus aliados comunistas en Europa estaban esperando el momento de tomar el poder. Como Alemania era la única nación capaz de enfrentarse a la Unión Soviética en esa zona del mundo, muchos británicos y estadounidenses comenzaron a ver un ejército alemán renovado como un baluarte contra el comunismo, por lo que a menudo miraron para otro lado cuando los alemanes comienzan a planear rearmarse.

Curiosamente, gran parte de su planificación se llevaría a cabo lejos de las miradas indiscretas de los aliados: tuvo lugar en la Unión Soviética, Sin embargo, estas bases de entrenamiento secretas se centraban más en entrenar pilotos y desarrollar una fuerza aérea, algo que preocupaba a los británicos y estadounidenses, ya que los cazas y bombarderos no se veían obstaculizados por el mar como tanques y ametralladoras.

La planificación e ingeniería de tanques alemanes se llevó a cabo en tableros de dibujo privados en todo el país. Un pequeño número de tropas alemanas practicaron la guerra de tanques con recortes de madera contrachapada y cartón que llevaban mientras corrían por los campos de entrenamiento. Las cámaras de los noticiarios occidentales se burlaban de esto, pero muchos de los hombres que corrían se convertirían en los mismos comandantes de tanques que fueron la punta de lanza de las tácticas de la guerra relámpago, que abrumaron a la mayor parte de Europa en 1939 y 1940. A pesar de su apariencia cómica, este entrenamiento contribuyó en gran medida a aprender un nuevo tipo de guerra de tanques en la que el tanque se convirtió en su propia arma devastadora, avanzando profundamente detrás de las líneas enemigas en grandes y poderosas columnas blindadas en lugar de pequeños grupos de apoyo de infantería donde su potencia de fuego y maniobrabilidad estaban efectivamente reducidos.

Cuando los alemanes invadieron la URSS en junio de 1941, lo hicieron con unos 6.000 vehículos blindados. La mayor parte de los tanques alemanes eran Panzer Mark Is y II, ambos obsoletos incluso antes de que comenzara la guerra en Polonia en 1939. El Mark I era más un vehículo blindado con torretas que un tanque, aunque tenía bandas de rodadura. Su blindaje era delgado y remachado, y estaba armado con solo dos ametralladoras de 7,92 mm, que estaban montadas en la torreta. No tenía cañones de ningún tipo. El vehículo sirvió para sofocar insurrecciones civiles ligeramente armadas, y eso fue todo. Su armadura más gruesa tenía media pulgada de grosor, y eso estaba justo en el frente. El tanque era susceptible incluso a los cañones antitanque de menor calibre. A medida que avanzaba la guerra, los miles de Mark I se modificaron gradualmente; a muchos de ellos se les quitaron las torretas y su chasis podía llevar una variedad de cañones como "cazacarros" y artillería móvil.

El Panzer Mark II fue una ligera mejora. Los observadores militares alemanes y los agentes de inteligencia en otros países, particularmente Francia, informaron que muchos de los tanques que estaban viendo eran significativamente mejores que los alemanes. Los alemanes comenzaron un curso intensivo para construir mejores tanques, pero como solución provisional, construyeron el Mark II, que fue fabricado por las mismas fábricas que fabricaron el Mark I. La diferencia más significativa entre los dos tanques fue el de 20 mm / 2 cm. armas de fuego que llevaba el Mark II a diferencia de las ametralladoras del Mark I. El Mark II también tenía una ametralladora de 7,92 mm montada en el casco para la defensa contra la infantería. El tanque podría ser fácilmente destruido por la mayoría de los cañones antitanques aliados.

Mientras los Mark Is y II se abrían paso por Polonia, los ingenieros alemanes estaban ocupados diseñando un tanque actualizado para la *Wehrmacht*. Este fue el Mark III, que se convirtió en el caballo de batalla del ejército alemán, pasando por una serie de modificaciones (principalmente aumentos en la protección de la armadura y cañones más grandes y más largos) durante todo el conflicto. En 1943 se construyeron un total de casi 6.000 variantes del Mark III, y muchos de los supervivientes cumplieron funciones en varios países de Europa del Este después de la guerra.

Entonces, si los tanques alemanes en realidad no eran tan buenos como muchos de los tanques aliados que enfrentaron, particularmente al comienzo de la guerra, ¿por qué consideramos a los alemanes los maestros de la guerra blindada durante la Segunda Guerra Mundial? Bueno, la guerra es más que un simple equipamiento: también se trata de entrenamiento, liderazgo, disciplina y tácticas.

Pero ¿cuáles fueron las tácticas que permitieron a los alemanes sorprender y abrumar a sus enemigos en los dos primeros años de la guerra? Desglosado en su forma más básica, la guerra relámpago consistía en una variedad de elementos que trabajaban juntos. En primer lugar, se trataría de encontrar los puntos débiles en las defensas del enemigo. Los puntos fuertes se evitarían, maniobrarían o simplemente se mantendrían en su lugar mediante un ataque de finta. Entonces, una fuerte columna blindada, trabajando en estrecha conjunción con ataques aéreos concentrados masivos, atravesaría los puntos débiles del frente enemigo, penetrando por la retaguardia para cortar suministros, interrumpir la comunicación y sembrar confusión. La infantería alemana atravesaría el agujero abierto por los tanques y el apoyo aéreo para limpiar y rodear a las unidades enemigas que aún estaban en el frente.

En muchas ocasiones, especialmente en los campos más abiertos de Polonia y Rusia, las formaciones de tanques seguían conduciendo hasta que alcanzaban sus objetivos o estuvieran en peligro de estar superando a sus trenes de suministros.

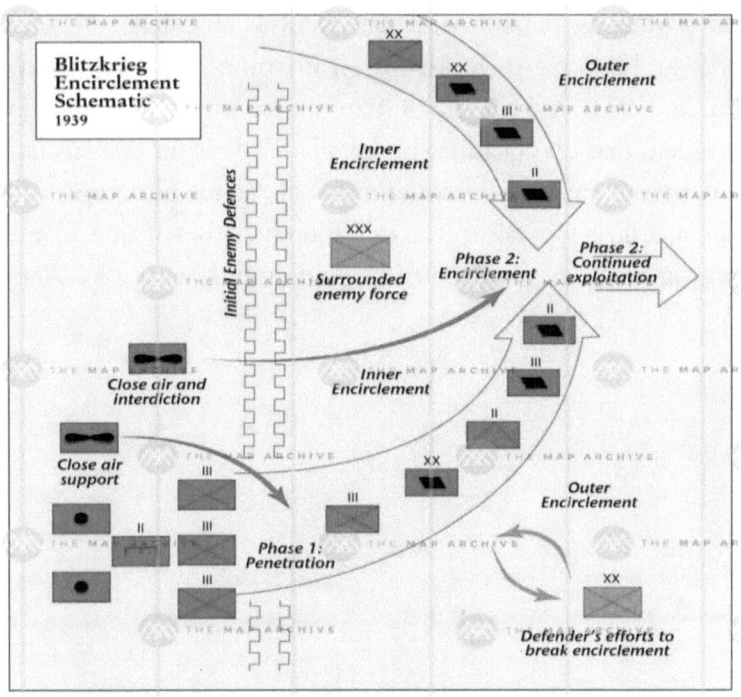

Ilustración 3: Diagrama del avance teórico de tipo blitzkrieg de la Segunda Guerra Mundial (cortesía de El Archivo de Mapas)

Las tácticas alemanas también exigían el uso del poder aéreo actuando en estrecha coordinación con las unidades blindadas y de infantería en tierra. Esto requería un alto nivel de habilidad que los soviéticos no poseían en este momento. A la fuerza del ataque alemán se sumaba su completa superioridad en el aire. Aunque los soviéticos poseían muchos más aviones que los nazis, la gran mayoría eran obsoletos cuando comenzara la guerra, y muchos de ellos estaban en mal estado. Más adelante en la guerra, los soviéticos desplegaron varios cazas y bombarderos en picado decentes (especialmente el famoso bombardero en picada Ilyushin Il-2, que fue el flagelo de las formaciones de tanques alemanes más adelante en la guerra), pero casi hasta el día en que terminó la guerra, las muertes alemanas de aviones soviéticos fueron mucho, mucho más altas que la destrucción soviética de aviones alemanes.

Los soviéticos habían visto las tácticas alemanas en acción en Polonia en 1939 y en Occidente en el verano de 1940, pero en el verano de 1941, todavía no tenían un contraataque efectivo a las tácticas alemanas en el campo de batalla. Esperaban que sus tropas en Polonia fueran capaces de contenerlos al menos el tiempo suficiente para la movilización completa del Ejército Rojo y que el peso del equipo y la mano de obra soviéticos pudieran aplastar a los alemanes.

Capítulo 2 – Invasión

En la noche del 21 de junio de 1941, un soldado alemán llamado Alfred Liskow, que había sido miembro del Partido Comunista Alemán antes de Hitler, nadó a través del río Bug en Polonia y desertó a los soviéticos. Les advirtió que el ejército alemán tenía órdenes de atacar a los soviéticos a la mañana siguiente. La advertencia no fue escuchada, aunque unas semanas más tarde, Liskow supuestamente transmitió propaganda al pueblo soviético de que muchos alemanes no querían una pelea con la Unión Soviética. Su destino no está claro, aunque probablemente fue ejecutado por orden de Stalin en 1942.

Stalin hizo caso omiso de muchas advertencias sobre las intenciones de Hitler. Stalin ordenó que los vuelos de aviones alemanes, que eran claramente aviones de reconocimiento, no fueran molestados por Stalin, ya que no quería provocar un "incidente", ya que creía que el Ejército Rojo no estaba preparado para una pelea. Su personal de inteligencia militar le advirtió que un ataque era inminente, y también lo hicieron muchos de sus generales, que claramente estaban tomando la vida en sus manos para hacerlo. Incluso Winston Churchill, que estaba al tanto de gran parte del pensamiento y las acciones de Alemania a través de sus servicios de inteligencia y descifrado de códigos, advirtió a los soviéticos que se avecinaba una invasión, y pronto. Stalin ignoró a Churchill, creyendo que el inglés estaba intentando provocarlo para que atacara a Alemania y quitara la presión a Gran Bretaña.

Pero quizás lo más significativo es que Stalin ignoró los informes de uno de sus agentes en Japón, Richard Sorge, que estaba al tanto de la información de los círculos diplomáticos en Tokio. Sorge informó a finales de mayo que creía que Hitler atacaría la URSS a finales de junio. Aprendió esto de un oficial alemán en Tokio con el que se había hecho amigo. Sorge también se estaba acostando con la esposa del oficial alemán y ella le proporcionó información adicional. Toda esta información la envió a Moscú, que fue ignorada. Afortunadamente para los soviéticos, Stalin le creyó a Sorge a finales de 1941 cuando Sorge informó a Moscú que Japón no tenía intención de atacar a la URSS y que, en cambio, iría a la guerra con Estados Unidos, lo que le permitió a Stalin traer cantidades masivas de hombres y materiales al oeste del Lejano Oriente ruso. luchar contra los nazis a las puertas de Moscú.

Sorge, entre otros espías y oficiales de inteligencia, Churchill y Alfred Liskow tenían razón: el 21 de junio, los comandantes alemanes recibieron el mensaje de que el Unternehmen (Emprendimiento / Operación) Barbarroja comenzaría a la mañana siguiente. La operación lleva el nombre del emperador del Sacro Imperio Romano Germánico medieval Friedrich Barbarroja (Federico I, "Barba Roja"), quien, según la leyenda, no está muerto, sino dormido, listo para despertar y llevar a Alemania a la grandeza en su hora de necesidad.

Justo después de las 3 a.m., miles de cañones alemanes abrieron fuego a lo largo de un frente de 1,800 millas de largo, que, en ese momento era, el bombardeo de artillería más grande de la historia, aunque sería superado muchas veces durante la guerra. Tres millones de soldados alemanes y sus aliados cruzaron las fronteras de Polonia, los estados bálticos, Ucrania y la frontera norte de Finlandia. Aunque las unidades soviéticas habían recibido una alerta dos horas antes, las noticias eran lentas, si es que llegaba allí, y prácticamente ninguna de las formaciones del Ejército Rojo en el frente estaba lista para el ataque alemán.

Los aviones de combate alemanes atacaron las bases aéreas soviéticas cerca de la línea del frente, destruyendo gran parte de las fuerzas aéreas soviéticas en tierra. Los bombarderos alemanes atacaron objetivos a lo largo de la frontera y en el interior de la URSS, alcanzando objetivos tan lejanos como los suburbios de Leningrado y Odesa en Ucrania.

En Moscú, Josef Stalin quedó completamente destruido por la noticia del ataque alemán. Para un hombre tan paranoico como el líder soviético, parece que creía que Hitler no atacaría, al menos no en el futuro previsible. Stalin entró en una profunda depresión, que se prolongó durante varios días, y en un momento pensó que podría ser arrestado por su policía secreta y / o militares por subestimar la amenaza que representaba Hitler. Esa mañana, el ministro de Relaciones Exteriores soviético, Viacheslav Mólotov, Político, salió al aire e intentó unir al pueblo soviético, ya que Stalin era incapaz de hablar. Stalin no salió al aire hasta el 3 de julio, que fue cuando anunció el inicio de la Gran Guerra Patria. También comenzó lentamente a abrir iglesias y a traer de vuelta símbolos militares previamente prohibidos (como la trenza de oro) y otras tradiciones antiguas en un esfuerzo por unir a la gente y hacer que la guerra se centre menos en el comunismo y más en la supervivencia nacional.

En cierto modo, Stalin tenía razón. La Segunda Guerra Mundial en la Unión Soviética, así como en Polonia, fue la guerra más salvaje que el mundo había visto desde las invasiones mongolas de los siglos XIII y XIV. Hitler les dijo a quienes estaban en su círculo íntimo que la guerra contra la Unión Soviética sería una "guerra de aniquilación", eliminando no solo el sistema comunista (que, entre otras cosas, defendía la unidad de todas las clases trabajadoras, independientemente de la raza), sino también toda la población de la Unión Soviética, especialmente los judíos, los cuales se estimaban en cinco millones. El pueblo eslavo de la Unión Soviética debía morir de hambre o trabajar hasta morir en beneficio de los alemanes. Aquellos a quienes se les permitía existir debían ser deliberadamente ignorantes y apenas vivos para evitar levantamientos.

Inmediatamente después de las tropas invasoras, las jerarquías de la Schutzstaffel (SS) y las unidades policiales llamadas *Einsatzgruppen* o "grupos de acción especial" se desplegaron para rodear y / o matar judíos, funcionarios del Partido Comunista, la intelectualidad (escritores, maestros, periodistas, etc.), y otros considerados un peligro por los nazis. Por supuesto, la comunidad judía era el objetivo principal, y un año antes de que se organizaran los primeros campos de exterminio, los *Einsatzgruppen* (grupo de asalto) mataron aproximadamente 1,5 millones de personas en lo que se ha denominado recientemente el "Holocausto a balazos".

En solo unas semanas, los alemanes habían penetrado cientos de millas en la Unión Soviética. Polonia y los estados bálticos de Letonia, Lituania y Estonia fueron tomados en días, y el 2 de julio, los alemanes estaban en la Línea de Stalin, una línea de defensa en las afueras de Leningrado. Hitler, Joseph Goebbels, Heinrich Himmler y otros en la cadena de mando nazi estaban, dada la magnitud de los éxitos alemanes en el verano de 1941, exultantes y prepararon planes para la colonización alemana de la Unión Soviética desde Arcángel en el extremo norte hasta el montes Urales hasta el mar Caspio.

De hecho, en las primeras semanas, parecía que el Ejército Rojo sería eliminado en el campo, hecho prisionero o se desintegraría. Enormes bolsones de tropas soviéticas se vieron rodeadas en lo que los historiadores han denominado "las grandes batallas de cerco de 1941". La guerra relámpago funcionó asombrosamente bien, al igual que lo hizo en Occidente.

En batallas tanto grandes como pequeñas, las unidades soviéticas fueron rodeadas y destruidas. Aunque la teoría militar convencional dice que un atacante debería tener al menos una ventaja de dos a uno, el atacante tiene la ventaja de decidir dónde atacar, y de acuerdo con las tácticas de la guerra relámpago, los alemanes, en general, empujaron sus puntas de lanza blindadas contra áreas de las líneas soviéticas que estaban menos defendidas, tenían huecos en las líneas o estaban tripuladas por tropas menos capaces, menos equipadas o mal entrenadas, o alguna combinación de las tres. Dos puntas de las fuerzas alemanas se encontrarían después de penetrar millas detrás de las tropas soviéticas de primera línea, completando un cerco de las fuerzas del Ejército Rojo. A veces, se produciría un doble envolvimiento, o un movimiento de pinza, en el que elementos de las fuerzas alemanas continuarían avanzando, con la esperanza de atrapar a las unidades soviéticas de refuerzo en otro cerco.

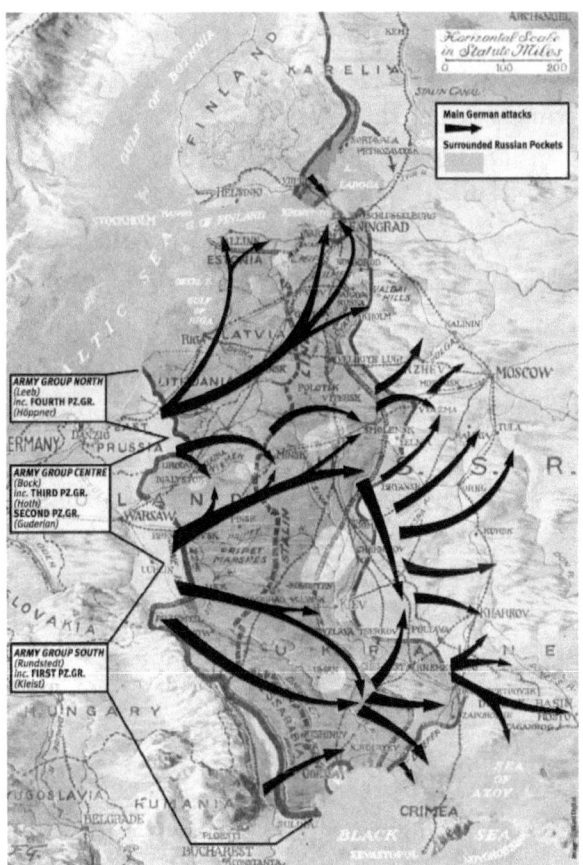

Ilustración 4: Avances alemanes en diciembre de 1941

Como puede ver en el mapa de arriba, estos cercos ocurrieron tanto a pequeña como a gran escala. Si observa el empuje del "Grupo de Ejércitos Centrales" de Alemania, verá una serie de flechas a cientos de millas de distancia que se unen después de penetrar profundamente en territorio soviético. En una escala más pequeña, esto sucedió cientos de veces.

Inicialmente, los soviéticos no solo se vieron obstaculizados por las tácticas y el poder de los alemanes, especialmente en el aire, sino también por las instrucciones que recibían de Moscú. Debido a las purgas, los oficiales soviéticos se resistían a tomar la iniciativa: si tomaban las decisiones equivocadas, podrían terminar ante un pelotón de fusilamiento. A veces, las instrucciones que recibían los comandantes del campo de batalla estaban tan desconectadas o desactualizadas que eran irrelevantes para lo que estaban enfrentando los comandantes. Los retrasos causados por las interrupciones alemanas de las comunicaciones soviéticas, la vacilación por parte de los soldados soviéticos a lo largo de la cadena de mando para transmitir malas noticias y la indecisión en la escala superior hicieron casi imposible una respuesta coordinada del Ejército Rojo.

En las primeras horas de la invasión, Stalin emitió una orden para que las tropas soviéticas contraatacaran siempre que fuera posible, y eso fue esencialmente lo más importante de la orden: no se dieron detalles ni hubo coordinación entre las unidades. A los comandantes se les ordenó simplemente atacar a todos los alemanes que pudieran con las tropas que tuvieran. Sabiendo que un pelotón de fusilamiento estaba prácticamente asegurado para cualquiera que desobedeciera las órdenes, se produjeron cientos de infructuosos y fatales ataques soviéticos. Estas batallas fueron más parecidas un combate de boxeo en el que uno de los concursantes es el campeón de peso pesado mientras que el otro es un tipo de la calle.

El pánico se extendió por todo el país. Las personas cercanas a las líneas del frente intentaron huir, pero en muchas ocasiones se encontraron rodeadas por las tropas del Ejército Rojo a quien se suponía debían defenderlas. Columnas llenas de miles de personas fueron bombardeadas por la Fuerza Aérea Alemana, la *Luftwaffe*.

En la parte sur del frente, en Ucrania, los alemanes a menudo eran recibidos como libertadores. Muchos ucranianos mayores recordaban la ocupación alemana de la Primera Guerra Mundial, en la que los alemanes actuaron con moderación e incluso respeto. Otros en el país tenían un odio profundo y permanente hacia Stalin y el sistema soviético, que había reprimido sin piedad el nacionalismo ucraniano durante y después de la guerra civil rusa, que tuvo lugar entre 1918 y 1921. Peor aún, Stalin había privado deliberadamente a Ucrania de alimentos durante el años de 1932 y 1933, lo que resultó en una hambruna provocada por el hombre que solo fue ayudada por un desastre natural, que mató al menos a un millón de personas en Ucrania, la mayoría de ellos de etnia ucraniana. Por supuesto, cientos de miles de ucranianos lucharon contra la invasión alemana, pero en todo el país, las turbas recibieron a las tropas alemanas invasoras con los tradicionales obsequios de bienvenida (pan y sal) y las adornaron con flores.

Esta bienvenida por parte de los ucranianos alentó a los nazis a creer que era solo una cuestión de tiempo antes de que el sistema soviético, bajo presión del exterior y con suerte desde dentro, se derrumbara pronto. Sin embargo, si Hitler hubiera optado por mirar más profundamente, especialmente a medida que junio se desvanecía a finales de julio y agosto, podría haber reconocido que esta pelea iba a ser más difícil de lo que imaginaba.

Primero, cualquier buena voluntad que existiera en Ucrania, así como en los estados bálticos, donde el odio a Rusia era profundo, pronto desapareció cuando los nazis demostraron ser, bueno lo que eran, nazis. Para el otoño de 1941, los núcleos de la resistencia organizada habían comenzado a crecer y, para 1942, estaba bien organizada y cada vez más equipada, por no mencionar que era muy numerosa.

En segundo lugar, los alemanes, aunque habían infligido inmensas bajas a los soviéticos, también estaban sufriendo enormes pérdidas y, a diferencia de los soviéticos, no podían permitírselo. Y no solo aumentaron sus pérdidas, sino que los suministros también comenzaron a escasear. Los alemanes no planearon una guerra prolongada y sus recursos de petróleo, metales y otras cosas necesarias para un conflicto prolongado comenzaron a agotarse. Esto solo empeoraría con el tiempo. Y, por supuesto, las distancias involucradas también dificultaron que los alemanes llevasen suministros a sus tropas de primera línea, especialmente con la llegada del mal tiempo y el creciente número de partisanos a medida que avanzaba la guerra.

En tercer lugar, la resistencia soviética comenzó a endurecerse a medida que pasaban los meses. Los diarios llevados por los soldados alemanes sobre el terreno hablan de la resistencia fanática de algunas tropas soviéticas, que aumentó a medida que los alemanes se adentraban en el país, ya que los soviéticos comenzaron a darse cuenta cada vez más de que esta guerra no era solo de conquista, sino también de aniquilación.

A medida que el verano se convirtió en otoño y luego el otoño en invierno, el Ejército Rojo comenzó a mostrarse más capaz. Parte se debió al clima, pero con el paso del tiempo (y especialmente en la segunda mitad de la guerra), Stalin se dio cuenta inteligentemente de que no era el genio militar que pensaba que era el 21 de junio de 1941. Allí donde Hitler tomó cada vez más el control de sus generales, Stalin les dio más libertad de acción. Esto significó que las tropas soviéticas en muchas circunstancias, pero no en todas, podían retirarse para luchar otro día y que sus comandantes de campo tenían más voz en dónde y cuándo atacar y retirarse, así como en la asignación de tropas y suministros. Como veremos, las tropas soviéticas del Lejano Oriente mejor entrenadas llegaron cerca de Moscú a fines de noviembre / principios de diciembre de 1941, una vez que Stalin se dio cuenta de que los japoneses estaban atacando a través del Pacífico. Además, los soviéticos comenzaron un régimen de entrenamiento más moderno, especialmente entre sus generales y comandantes de nivel medio, dándoles instrucción sobre ataques con armas combinadas. En la segunda mitad de 1943, los soviéticos eran los propios dueños de la blitzkrieg.

Por último, aunque tomó algún tiempo antes de que pudiera tener efecto, tanto Gran Bretaña como Estados Unidos comenzaron a enviar cantidades masivas de apoyo militar y otras ayudas a la Unión

Soviética. Aunque la mayoría de los tanques y aviones soviéticos se fabricaron en casa, los aliados occidentales enviaron decenas de miles de camiones, rifles, ametralladoras, suministros de alimentos, rodamientos de bolas y piezas de fábrica a la URSS, incluso mientras luchaban contra los propios alemanes. Tanto el primer ministro británico Winston Churchill como el presidente estadounidense Franklin Delano Roosevelt sabían qué si la Unión Soviética era derrotada o llegaba a un acuerdo con Hitler, la guerra en Europa Occidental terminaría o, al menos, la victoria se retrasaría mucho y tendría un costo mucho mayor.

Capítulo 3 - Todo parece perdido

En los meses previos a la Operación Barbarroja, Hitler y muchas de las principales figuras de su estado mayor debatieron cuál sería el objetivo principal de la operación. Mucha gente tiene una visión de Hitler como un loco delirante, despotricando y amenazando a sus generales hasta que se sale con la suya. Este fue ciertamente el caso muchas veces en la última parte de la guerra. Sin embargo, en la primera parte del conflicto, era más probable que escuchara y debatiera con sus oficiales, y esto es lo que sucedió en el período previo a la invasión de Rusia.

La Segunda Guerra Mundial engendró toda una industria: una historia alternativa. Se han escrito páginas y páginas sobre "cómo y si Hitler pudo haber ganado la Segunda Guerra Mundial", y muchas de ellas se centran en sus acciones, o en la falta de ellas, en la Unión Soviética y, sin duda, lo que sigue aquí será debatido por aquellos que las leyeron.

Hablando en términos muy generales, el plan de Hitler era sacar a los soviéticos de la guerra capturando lo que él creía que era la parte más importante del país: el sur. Allí, Ucrania suministraba la mayoría de los cereales y otros productos alimenticios a la población de la URSS. También contenía grandes suministros de carbón. Más al este en el sur estaban los campos petroleros del Cáucaso, que eran algunos de los más ricos del mundo, especialmente los de Bakú, y si había un recurso clave del que carecía la maquinaria de guerra alemana, era el petróleo.

Hitler también creía que un ataque al norte liberaría a las naciones bálticas del comunismo, y que esta liberación, llevada a su máxima extensión, llegaría al puerto de Múrmansk, donde la Unión Soviética tenía su puerto occidental. Tomar Múrmansk ayudaría a cortar cualquier posible suministro traído de Gran Bretaña o de otros lugares. La captura de Leningrado también desanimaría a los soviéticos, ya que era el "hogar" de su revolución. Quizás lo más importante es que Hitler y algunos de sus partidarios en el ejército creían que el factor más importante sería la destrucción del Ejército Rojo en el campo, preferiblemente en las vastas llanuras entre Polonia y Moscú.

Sin embargo, muchos de los principales generales de Hitler, especialmente el general Erich Marcks, creían que la mejor estrategia sería utilizar la mayor parte de la fuerza alemana y llegar hasta Moscú, "cortando la cabeza de la serpiente", como dijo uno de ellos. Con su capital tomada y sus ejércitos desmoralizados en el campo, los soviéticos pedirían la paz o se derrumbarían.

Los Balcanes

Antes de que Hitler y sus generales pudieran probar o refutar las teorías de los demás, se enfrentaron a una situación que los desorientó por completo. El plan de Hitler era invadir la URSS a mediados de mayo. Esto les daría a las fuerzas alemanas quizás seis meses de buen tiempo antes de que comenzara el invierno ruso. Estaban confiados (se podría decir demasiado confiados) de que podrían lograr sus objetivos en ese tiempo y, a pesar del retraso que se describe a continuación, continuaron creyendo que la Operación Barbarroja terminaría antes de que llegara lo peor del mal tiempo.

En octubre de 1940, Benito Mussolini, el dictador fascista de Italia y aliado de Hitler, invadió Grecia sin decirle a Hitler sus planes. Mussolini estaba seguro de que sus ejércitos estarían en Atenas en un corto período de tiempo, y luego podría presumir de otro agregado a su "Nuevo Imperio romano" de Albania, Libia, Etiopía y una pequeña franja del sur de Francia que Hitler le había dado como regalo después de la derrota de ese país. Los planes de Mussolini salieron completamente mal, con los griegos no solo montando una fuerte defensa, sino también contraatacando y haciendo retroceder a los italianos a Albania, donde comenzara su ataque.

Pronto, Hitler tuvo claro que tendría que rescatar a su amigo italiano para que los británicos no usaran Grecia como base de operaciones contra su propio flanco sur, por lo que Alemania estaría enviando tropas a Grecia lo más rápido posible.

Pero para que las tropas alemanas pudieran llegar a Grecia, necesitaban pasar por Yugoslavia. El regente de Yugoslavia, el príncipe Pablo, que ocupaba el trono hasta que el futuro rey Pedro II llegara a la mayoría de edad, era proalemán y estaba dispuesto a dejar pasar las tropas alemanas por el país. Las fuerzas antialemanas, alarmadas por esta pérdida de soberanía nacional y la posibilidad de que las tropas alemanas no se fueran, dieron un golpe de estado y colocaron en el trono a Pedro II, que era pro-Aliado en su punto de vista. Pedro II y sus generales rechazaron el paso de las tropas de Hitler unos días antes de su movimiento planeado hacia el sur.

Entonces, el 6 de abril de 1940, Hitler y Mussolini invadieron Yugoslavia desde el sur y el norte, y aunque lucharon duro, los yugoslavos fueron desbordados en dos semanas. Las tropas alemanas se trasladaron al sur al mismo tiempo y conquistaron Grecia el 30 de abril. Luego siguió una campaña de un mes para tomar la gran isla de Creta, ya a principios de junio, toda Grecia estaba bajo el control del Eje.

Aunque las operaciones en los Balcanes fueron relativamente rápidas, retrasaron la invasión de Hitler a la Unión Soviética en unas seis semanas. Muchos historiadores han argumentado que estas seis semanas fueron cruciales para permitir que los soviéticos se reagruparan en el otoño y para cuando comenzara el invierno ruso, ya que los alemanes solo se acercaron a Moscú a fines de octubre / principios de noviembre de 1941. Sin embargo, algunos creen que, en el largo plazo, incluso si los alemanes hubieran capturado Moscú, los soviéticos habrían luchado, habiendo trasladado ya la mayoría de sus plantas industriales a los Urales en una de las hazañas de reorganización más asombrosas de la historia moderna. Por orden de Stalin, prácticamente todas las piezas y máquinas vitales de las fábricas, sin mencionar los suministros y la mano de obra, fueron retiradas antes de que llegaran los alemanes y se trasladaran cientos de millas al este, fuera del alcance de los bombarderos alemanes. Lo que no se podía mover simplemente fue destruido.

De vuelta a Rusia

La primera parte de la Gran Guerra Patria fue una serie de grandes batallas de cerco libradas en las llanuras occidentales de Rusia y Ucrania. Este tipo de acciones se libraron a lo largo de la primera campaña alemana, y se llevaron a cabo varias de estas batallas más grandes, en las que participaron cientos de miles de hombres (y, a veces, en el caso del Ejército Rojo, fueron tomados como prisioneros).

La primera gran batalla de la Operación Barbarroja tuvo lugar en la región cerca de la ciudad polaca de Bialistok y la ciudad soviética de Minsk, que estaban separadas por unas 215 millas. La batalla comenzó el primer día de la invasión, el 22 de junio, y duró hasta el 9 de julio. La *Wehrmacht* alemana utilizó la guerra relámpago y las tácticas de envolvimiento descritas anteriormente para rodear, matar y capturar a una gran cantidad de tropas soviéticas, que quedaron atrapadas en el área por las columnas alemanas que se movían rápidamente y las tenían rodeadas antes de que se dieran cuenta. Como resultado, casi medio millón de soldados soviéticos murieron, fueron capturados o heridos, 5.000 vehículos destruidos y casi 2.000 aviones destruidos, la mayoría en tierra. Esta primera gran batalla de la invasión nazi hizo que muchos en Alemania creyeran que sus pensamientos de una victoria rápida y relativamente fácil se harían realidad. En comparación con las pérdidas soviéticas, los alemanes perdieron quizás 15.000, incluyendo muertos, heridos y desaparecidos.

Hacia el sur, tuvo lugar otra batalla de cercamiento, que comenzó el 15 de julio y finalizó el 8 de agosto, cerca de la ciudad de Umán, Ucrania, que condujo a la ciudad más importante de Ucrania, Kiev (la actual capital de Ucrania). Allí, tres grupos del ejército alemán, con un total estimado de 400.000 hombres y 600 tanques, superaron a tres grupos del ejército soviético que totalizaron 300.000 hombres, matando o capturando dos tercios de la fuerza soviética.

Los alemanes continuaron avanzando hacia el este, y entre el 8 de julio y el final del mes, se enfrentaron al Ejército Rojo en una batalla masiva cerca de la ciudad de Minsk (hoy capital de Bielorrusia). Casi un millón de hombres de ambos lados participaron en la batalla, cada uno con aproximadamente el mismo número de tanques y armas, pero una vez más, los soviéticos fueron superados y rodeados. Las pérdidas soviéticas fueron asombrosas: más de 300.000 muertos o capturados, con 5.000 tanques y 2.000 aviones destruidos.

A medida que avanzaba el verano, los alemanes estaban eufóricos y asombrados. No podían creer su buena suerte de ganar batalla tras batalla y destruir o capturar tantas tropas soviéticas. Pero ¿cuántas tropas soviéticas había? A medida que el verano se acercaba, las estimaciones alemanas de la fuerza soviética demostraron ser erróneas una y otra vez. Justo cuando los alemanes pensaban que los rusos se habían terminado, aparecían nuevas unidades en el frente.

Es más, a pesar de que algunas de estas unidades apenas tenían entrenamiento, y muchas fueron puestas en la línea del frente con pocas balas para sus armas o incluso sin armas (se les dijo que obtuvieran una, de los muertos en el campo), La resistencia soviética pareció endurecerse cuanto más hacia el este se dirigían los nazis. A veces, era fanática, con oleadas de soldados soviéticos que simplemente cargaban en masa contra las formaciones alemanas. Por supuesto, muchas veces estos soldados no tenían otra opción; los comisarios políticos y las tropas los habrían matado si se hubieran retirado, pero a los alemanes les parecía que la lucha se estaba volviendo más dura cuanto más se adentraban en Rusia. Sin duda, muchas tropas soviéticas tomaron la otra ruta y simplemente se rindieron, de hecho, cientos de miles. Esto nos lleva a otro hecho espantoso de la Segunda Guerra Mundial. De los millones de soldados soviéticos hechos prisioneros por los alemanes durante la Segunda Guerra Mundial, especialmente al principio, a muchos simplemente los metieron en corrales y los dejaron morir de exposición, sed, hambre y enfermedades, que abundan cuando las personas se ven obligadas a amontonarse en condiciones insalubres. Cientos de miles simplemente fueron fusilados. Millones se enviaron a territorio controlado por los alemanes. Algunos de ellos fueron enviados a Alemania y otros lugares para trabajar en campos de trabajos forzados. Muchos otros fueron enviados a los campos de concentración que estaban surgiendo por toda Polonia. Las primeras personas que fueron gaseadas en Auschwitz fueron en realidad prisioneros de guerra soviéticos. Lo que hace que esta situación sea aún más trágica es el hecho de que los que sobrevivieron a los nazis a menudo fueron enviados a los Gulags soviético después de la guerra, ya que Stalin los veía como posibles espías occidentales y / o traidores por haber sido capturados. Muchos murieron en los campos soviéticos después de sobrevivir a los terrores de los nazis.

Ilustración 5: Masas de prisioneros de guerra soviéticos capturadas en una de las batallas de cercamiento durante las primeras semanas de Barbarroja. La mayoría de los prisioneros de guerra soviéticos no sobrevivirían

A medida que se acercaban a la capital soviética de Moscú y a la ciudad ucraniana de Kiev, los alemanes lucharon contra el Ejército Rojo en dos batallas gigantes de cercamiento más una en Smolensk, ubicada en los accesos a Moscú, durante la mayor parte de julio y la otra en la propia Kiev desde 23 de agosto al 26 de septiembre.

En Smolensk, 430.000 alemanes se enfrentaron a más de medio millón de soviéticos. La batalla tuvo lugar en un área de cientos de millas cuadradas, con acciones de empuje y contraataque durante todo el mes de julio. Incluso incluyó salvajes combates casa por casa en ciudades de toda la zona, especialmente en la propia Smolensk. En toda la zona se produjeron atrocidades en ambos bandos, aunque los alemanes atacaron no solo a los soldados del Ejército Rojo, sino también a civiles y, por supuesto, a la gran población judía que vivía en la zona.

Smolensk resultó en otra derrota soviética, con casi 200.000 muertos, otro cuarto de millón de heridos y más de 300.000 capturados. Además, se destruyeron entre 1.500 y 3.000 vehículos blindados de todo tipo y casi 1.000 aviones. Los alemanes perdieron mucho menos, unos 30.000 muertos y 100.000 heridos, pero, a diferencia de los soviéticos, no podían permitirse esas pérdidas semana tras semana. Y el número de alemanes muertos iba a aumentar con el paso del tiempo.

Al comienzo del conflicto, Hitler había ordenado a sus generales que se concentraran en el sur, donde se encontraban la mayoría de los recursos de la URSS. A medida que avanzaba el verano, sus generales lo convencieron de cambiar el enfoque del ataque alemán hacia el centro, pero después de la batalla de Smolensk, Hitler volvió a ordenar un cambio, convencido de que los rusos estaban en sus últimas etapas y pondrían más énfasis en sobre el ahorro de sus recursos, especialmente el carbón y el petróleo.

Desde finales de agosto hasta finales de septiembre, la mayor de las batallas de cercamiento de la Operación Barbarroja se libró cerca de Kiev. Allí, medio millón de tropas alemanas, húngaras, rumanas e italianas libraron una batalla cada vez más difícil contra el Ejército

Rojo. Los soviéticos inicialmente tenían alrededor de 600.000 hombres en el área, pero enviaron más tropas a la batalla a medida que avanzaba septiembre. La batalla no tuvo lugar en la ciudad, sino en toda la parte noroeste de Ucrania, que abarca miles de millas cuadradas.

Uno de los efectos desmoralizadores para los soldados alemanes fue el paisaje. Viniendo de un país densamente poblado que tenía muchas características geográficas diferentes, las interminables llanuras de la Unión Soviética comenzaron a afectarlos. Para muchos, era como estar en el mar o, más exactamente, en "un mar de hierba", sin nada más que colinas onduladas y algún que otro árbol o choza para romper el paisaje. Es más, los soviéticos siguieron luchando, atrayéndolos cada vez más hacia este paisaje extraño.

Durante la Primera Batalla de Kiev los soviéticos perdieron cientos de miles de hombres, que fueron asesinados o capturados. Pero las bajas alemanas comenzaron a aumentar, ya que tenían más de 125.000 muertos, heridos o desaparecidos. A lo largo de las batallas en Ucrania, el *Einsatzgruppen* nazi, así como el ejército alemán, cometieron atrocidades tras atrocidades, la más infame de las cuales fue la matanza de judíos en Babi Yar, en las afueras de Kiev. Murieron más de 30.000 personas (hoy, el sitio es un monumento dentro de los límites de la ciudad). Desde que terminara la guerra, se han encontrado literalmente miles de lugares de ejecución en toda Ucrania. Si está interesado en aprender más sobre este tema, consulte la bibliografía para obtener un título excelente sobre este tema.

En el norte, donde el país era más boscoso y accidentado para que los tanques lo atravesaran, los alemanes avanzaron hasta las puertas de Leningrado. Sus aliados finlandeses acordaron ayudar a los alemanes inmovilizando a las fuerzas soviéticas en el istmo de Carelia, muchas partes del mismo habían sido finlandesas hasta 1940, pero no ayudaron en el asedio de Leningrado. Sin embargo, lucharon con los soviéticos al norte en Karelia, donde todavía vivían muchos de etnia finlandesa. El asedio de Leningrado de 900 días se discutirá en un próximo volumen de *Historia Cautivadora*.

Una vez que terminara la Primera Batalla de Kyiv (Kiev), Hitler volvió a trasladar la mayor parte de sus fuerzas al norte para tomar Moscú, pero entre el desplazamiento inicial hacia el sur y el regreso, se perdió mucho tiempo. Desde principios de octubre hasta enero de 1942, la batalla se desarrolló frente a la capital soviética. Las tropas de exploración alemanas en un momento al despertarse pudieron ver las torres del Kremlin, pero eso es todo lo que lograron los alemanes.

Aconsejado por su espía Richard Sorge que en septiembre Japón atacaría el oeste (y esta vez creyéndole, al menos parcialmente), Stalin comenzó a mover sus enormes ejércitos del Lejano Oriente hacia el oeste para defender la capital. El 7 de diciembre de 1941, Japón atacó a los EE. UU. En Pearl Harbor, confirmando los informes de Sorge, y los soviéticos aumentaron el número de tropas enviadas al oeste, al tiempo que habían estado reclutando y entrenando a millones de más hombres.

A partir de octubre, el clima se volvió decisivamente contra los alemanes. En otoño y primavera, el oeste de Rusia y Ucrania están sujetos a lluvias que convierten el campo (y los muchos caminos de tierra de la época) en lodazales. Los movimientos de tropas y tanques se ralentizaron o se detuvieron por completo. Cuando el otoño comenzó a convertirse en invierno, las carreteras comenzaron a congelarse, lo que permitió que los tanques alemanes pudieran avanzar nuevamente.

Sin embargo, había quedado muy en claro que los alemanes estaban mal preparados para una guerra de invierno. Como dijo Winston Churchill en un discurso durante la guerra, "hay nieve, hay escarcha y todo eso. Hitler se olvidó del invierno ruso. Debe haber estado muy mal asesorado". Las tropas alemanas enfrentaron temperaturas bajo cero mientras vestían ropa de verano. Los alemanes en su país comenzaron a pensar que algo andaba mal cuando se les pidió que donaran ropa de invierno, incluso pieles de mujer, a los soldados en Rusia.

Mientras tanto, los suministros alemanes disminuyeron. La gasolina se estaba agotando y el clima y los crecientes ataques de partidistas empeoraron la situación. Los tanques y otras maquinarias tenían que mantenerse inactivas todo el tiempo, o de lo contrario se congelarían. El congelamiento eliminó a miles de soldados de las líneas del frente, a veces incluso enterrándolos en tumbas poco profundas.

Y luego, el 5 de diciembre de 1941, los soviéticos contraatacaron. Masas de soldados soviéticos salieron de la niebla sobre los tanques T-34 que ni siquiera estaban pintados porque eran necesarios de *inmediato* en el frente. Tuvieron éxito en hacer retroceder a los alemanes a cientos de millas de la capital soviética hasta que los alemanes pudieron montar una contraofensiva y estabilizar la línea del frente. Pero el peligro para la capital soviética había pasado y Moscú no volvería a verse amenazada.

Conclusión

La Operación Barbarroja fue solo la primera fase del plan de Hitler para conquistar la Unión Soviética. Desde un punto de vista estrictamente militar, la operación fue un éxito. Millones de tropas soviéticas habían sido asesinadas y capturadas y se habían confiscado decenas de miles de millas cuadradas de territorio soviético.

Pero, como Hitler admitió ante el mariscal de campo finlandés Mannerheim en 1942, él y sus generales habían subestimado seriamente la capacidad soviética para hacer la guerra. Habían ignorado las plantas industriales construidas por Stalin antes de la guerra y no esperaban que los soviéticos pudieran evacuar gran parte de esa industria a los Urales, que las ponía fuera del alcance de sus bombarderos. También subestimaron la voluntad del pueblo soviético de trabajar por la victoria.

Dada la facilidad con la que Hitler ganó las primeras batallas de la campaña, es fácil ver cómo se reforzaron sus ideas sobre las pobres habilidades militares soviéticas, pero a medida que los soviéticos eran derrotados en los primeros meses de la guerra, también estaban aprendiendo y eran incompetentes. los oficiales estaban siendo reemplazados por los líderes que llevarían al Ejército Rojo a Berlín en 1945.

Y finalmente, aunque los soviéticos perdieron muchos más hombres ante los alemanes que al revés, la mayoría de los soldados alemanes supervivientes le habrían dicho que lo último que habrían cuestionado durante la guerra hubiera sido el coraje de los soldados del Ejército Rojo.

Vea más libros escritos por Captivating History

Bibliografía

Bullock, Alan. *Hitler y Stalin: Vidas Paralelas.* Nueva York: Vintage, 2019.

Dear, Ian y Michael R. Foot. *El Compañero de Oxford para la Segunda Guerra Mundial.* Nueva York: Oxford University Press, EE. UU., 2001.

Desbois, Padre P. *El Holocausto por Balas: El Viaje de Un Sacerdote Para Descubrir La Verdad Detrás del Asesinato de 1,5 Millones De Judíos.* Nueva York: St. Martin's Press, 2008.

Roberts, Cynthia A. "Planificación para la Guerra: el Ejército Rojo y la Catástrofe

de 1941". Estudios Europa-Asia 47, no. 8 (1995): 1293-326. Consultado el 6 de mayo de 2020. www.jstor.org/stable/153299.

"Ejército Rojo 1941> Armas de la Segunda Guerra Mundial". Armas de la Segunda Guerra Mundial. Última modificación el 27 de abril de 2019. https://ww2-weapons.com/red-army-1941/.

www.ingramcontent.com/pod-product-compliance
Lightning Source LLC
LaVergne TN
LVHW042002060526
838200LV00041B/1837